EDICT DV
ROY, SVR LA PRO-
TECTION QVE SA
Majesté a donné à Mon-
sieur de Bueil.

A PARIS,

De l'Imprimerie de NICOLAS
BARBOTE, ruë Mariuault, à
l'Image noſtre Dame, prés S.
Iacques de la Boucherie.

M. DC. XVII.

OVIS PAR LA GRACE DE DIEV, ROY DE FRANCE, ET DE NAVARRE, COMTE DE PROVENCE, FORCALQVIER, ET TERRES ADIACENTES, A TOVS PRESENS, ET ADVENIR, SALVT. Noſtre tres-cher, & bien aymé Annibal de Grimaldis, Baron, & Souuerain Seigneur de Bueil, de la Vallée de Maſſouins, d'Aſcros, de Thodon, de la Tourrette, & du Reueſt, & autres lieux, Nous ayant, en diuerſes oc-

casions, faict paroistre l'inclination
naturelle, & particuliere qu'il a enuers nous, & au bien, & grandeur
de ceste Couronne, au seruice de
laquelle ses pere, ayeul, & bisayeul,
Oncles, & autres de son nom, &
maison, ont tenu, & exercé de
grandes, & honorables charges, &
dignitez, mesmes plusieurs d'entre
eux y ont finy leurs iours, Ce qui
luy auroit faict desirer ardemment
de se mettre auec sa femme, famille, biens, terres, & pays en la protection de nous, & de nostredite
Couronne, & se departir de toutes
autres protections, alliances, asso-
ciations, & deuoirs qu'il pourroit
auoir auec quelques autres Princes
que se puisse estre, Et pour cest effect, auroit enuoyé vers nous, à di-
uerses fois, plusieurs notables per-
sonnages pour nous en faire la sup-

plication , & inſtance , Et neant
moins , d'autant que nous aurions
differé quelque temps ſans luy en
donner les aſſeurances telles qu'il
les deſiroit, ſe trouuant preſſé de ſa
ſeureté, & conſeruation, il ſe ſeroit
adreſſé aux Miniſtres, & Agens du
Roy d'Eſpagne , Noſtre tres-cher
Frere, & Beau-Pere, & ſeroit entré
en quelque pourparler , & traicté
auec eux, ſur ce ſubiect : Mais luy
ayant depuis faict ſçauoir l'inten-
tion que nous aurions de luy o-
ctroyer noſtre protection, & que
nous ne pouuions aggréer qu'il la
recherchaſt d'ailleurs, veu la proxi-
mité de ſes terres auec nos Frontie-
res , & que meſmes s'eſtant ja cy
deuant adreſſé à nous, pour ce
ſubiect, Nous luy aurions, dés le
dixneufieſme de Nouembre mil ſix
cens quatorze, faict deliurer noſtre

breuet, Portant asseurance de nostre volonté, pour ce regard, Il
nous auroit renuoyé, pour la se-
conde fois, le sieur Baron de Tourues, son Gendre, chargé de procu-
ration speciale pour traicter, &
conuenir auec nous des moyens,
& conditions conuenables pour y
pouuoir paruenir. Sur quoy ayans
recogneu, & consideré le zele, de-
uotion, & bonne volonté que ledict sieur Baron de Bueil a enuers
nous, & ceste Couronne, Et desi-
rans pareillement luy faire cognoi-
stre combien nous estimons la re-
solution qu'il a prise de s'y attacher
entierement, eu esgard aussi, au
pouuoir qu'il a d'y seruir vtile-
ment, Veu la qualité de sa personne, & les bonnes conditions dont
il est doüé, Nous auons volontiers
entendu aux instances, proposi-

tions & supplications qui nous en
ont esté sur ce faictes, de sa part.
POVR CES CAVSES, & autres
bonnes, & grandes considerations,
à ce nous mouuans, Et aprés auoir
sur ce pris l'aduis de la Royne nostre tres-honorée Dame, & Mere,
& d'aucuns Princes, Ducs, Pairs,
Officiers de nostre Couronne, &
principaux de nostre Conseil, e-
stans prés nostre personne. NOVS
AVONS dict, & declaré, & par ce-
stuy nostre Edict perpetuel, & ir-
reuocable, disons, & declarons,
que nous auons pris, mis, & re-
çeu, prenons, mettons, & rece-
uons en nostre protection, & de
nos successeurs Roys, & Couronne de France, dés maintenant, & à
perpetuité, ledict sieur Baron de
Bueil, auec sa femme, famille, &
ses descendans, & successeurs, biens,

terres, seigneuries, villes, & places
fortes dépendans de ladicte Baronnie, & seigneuries à luy apparte-
nans, droicts, noms, raisons, & a-
ctions: Ensemble ses subiects habitans desdits lieux. PROMETTONS
en foy, & parole de Roy, de les
maintenir, & conseruer de tous
nos pouuoirs, & moyens souz nostredite protection, & de nosdicts
successeurs, & Couronne de France à perpetuité, en tous leursdicts
biens, droicts de souueraineté, dignitez, honneurs, prerogatiues, &
priuileges quelsconques, & les garder, & defendre de toutes iniures,
oppressions, & actes d'hostilité enuers tous, & contre tous, sans nuls
excepter. Voulons, & entendons,
que pour la conseruation de sesdicts
droicts, & pretentions, il puisse a-
gir, & proceder en nostre Cour de
Parlement

Parlement de Prouence, ou en tel-
le de nos autres Cours de Parlement que bon luy semblera, & y
faire conuenir, & appeller les de-
tempteurs & vsurpateurs d'iceux:
Et parce qu'il y a aucunes de ses terres & forteresses occupées par quelques Princes, Nous luy promettons d'interceder, & nous entre-
mettre, soit par la voye de nos Mi-
nistres & Ambassadeurs, ou par
authorité & voye de faict, si besoin
est, pour les luy faire remettre entre les mains, souz nostre protection, & de cestedicte Couronne,
comme les autres: Et pour cest effect, & mesme afin qu'il ait moyen
de soustenir la despense qui luy
conuiendra faire pour la garde &
conseruation des places fortes qui
sont dans l'estenduë de sadite Baronnie, terres & seigneuries, Nous

auons promis & promettons pour
nous & nofdits fucceffeurs Roys,
de faire payer & deliurer audit fieur
Baron de Bueil la fomme de vingt
mil liures par chacun an , par forme de penfion, & par aduance, de
quartier en quartier, par les Trefo-
riers de noftre Efpargne, prefens &
à venir : & outre, auons permis &
permettons audit fieur Baron de
Bueil, de pouuoir prendre & ache-
pter dans noftre pays & Comté de
Prouence le fel qui luy fera necef-
faire pour la nourriture & proui-
fion de luy & de fes fubjects , iuf-
ques à la quantité de quinze à feize
cens emines par chacun an , fi tant il
en a befoin, en payant le prix que
nos fermiers en payent feulement,
& iceluy fel faire mener & condui-
re franchement & quittement en
ladite Baronnie de Bueil , & terres

en dépendans, & impoſer ſur iceluy ce qu'il verra eſtre à propos,
ſans neantmoins en abuſer ne pre-
judicier à nos droicts & fermes;
Comme pareillement nous luy ac-
cordons pour luy & ſes ſucceſſeurs,
Chefs & ſeigneurs de ladite Baronnie de Bueil, le tiltre de Capitaine
de cinquante hommes d'armes de
nos Ordonnances, auec volonté de
nous ſeruir de la compagnie qui en
ſera dreſſée aux occaſions qui s'en
offriront. Promettons auſſi que nos
Ambaſſadeurs, & ceux de nos ſucceſſeurs Roys, & autres nos Miniſtres, tant en la Cour de Rome,
celle de l'Empereur, qu'autres Roys
& Princes de la Chreſtienté, ſou-
ſtiendront, protegeront, & deffen-
dront de noſtre part, les perſonne,
affaires & cauſes dudit ſieur Baron
de Bueil, & de ſes ſucceſſeurs, com-

me celles des propres subjects de noſtre Couronne de France. Que toutes perſonnes, de quelque eſtat & condition qu'elles ſoient, nais & à naiſtre en ſeſdites villes, terres & Baronnies, pourront venir habiter & demeurer en tous lieux & endroits de noſtre Royaume, & iouïr des meſmes droicts & priuileges que iouïſſent les naturels originaires d'iceluy, ſans qu'ils ſoient tenuz prendre lettres de naturalité, ny en payer aucune indemnité. EN QVOY faiſant, nous entendons auſſi que toutes les fois que pour le bien de nos affaires & ſeruice, ou pour la defenſe & conſeruation de ſes villes, bourgs, & fortereſſes, eſtans en l'eſtenduë de ſeſdites Baronnies & Seigneuries, nous voudrions y enuoyer & loger des troupes de gens de guerre, ledit ſieur

Baron de Bueil, & ceux qui com-
manderont efdites places de fa part,
feront tenuz de les recevoir, loger
& accommoder en tel nombre qu'il
nous plaira, & les y fouffrir tant &
fi longuement que nous le iuge-
rons à propos, en pouruoyant par
nous a la folde & entretenement
d'icelles troupes, pour le temps
qu'elles y demeureront. Et encores que ledit fieur Baron de
Tourues, ayant charge & procu-
ration fpeciale dudit fieur Baron de
Bueil, ait defia en vertu d'icelle, &
fouz les proteftations y contenües,
accepté de fa part, & tant pour iceluy fieur Baron de Bueil, que pour
fes fucceffeurs, toutes les chofes
fufdites, nous entendons neantmoins que ledit fieur Baron de
Bueil en face encores particuliere
declaration authentique fous fon

seing, & seel, par laquelle il decla-
rera que luy & ses successeurs auf-
dites Baronnies & seigneuries sus-
nommées, nous recognoistront, &
les Roys de France qui nous succe-
deront, pour leurs seigneurs pro-
tecteurs, & nous promettra & iu-
rera, tant pour luy, sa femme &
enfans, que pour tous ses subiects
& habitans des villes, bourgs & vil-
lages dépendans desdites Baronnies & seigneuries, & des autres
terres libres qui luy peuuent appar-
tenir, ensemble pour ses successeurs, foy, loyauté & seruice enuers tous & contre tous, pour demeurer perpetuellement ioinct &
vny souz ledit nom de protection
auec la Couronne de France, sans
iamais s'en departir, ny faire aucun
traicté, ny autre acte, au preiudice
des presentes, & sans le consente-

ment de nous, & de nosdits successeurs Roys, ains ayder & procurer
de leur pouuoir, le bien & aduance-
ment de nos affaires, & de ce Royaume, dont il fera desormais declaration & profession ouuerte, laquelle
ledit sieur Baron de Bueil enuoyera
par quelque personnage de sa part
en nostre Cour de Parlement d'Aix,
pour y estre registrée auec les presentes dans six sepmaines aprés l'ex-
pedition d'icelles , & en outre, en
prestera serment entre les mains de
celuy que nous enuoyerons vers luy
pour cest effect, si ce n'est qu'il vint
en personne le prester en nos mains,
ou en celles du Gouuerneur, ou de
nostre Lieutenant general en nostre
Comté de Prouence, lequel serment
sera renouuellé par les successeurs
Seigneurs & Barons de Bueil, en la
forme que dessus. SI DONNONS

en mandement à nos amez & feaux
les gens tenans nos Cours de Parlement, des Comptes, Aydes, & Fi-
nances en Prouence, Presidens, &
Tresoriers generaux de France audit
pays, & à tous autres nos Iusticiers
& Officiers qu'il appartiendra, que
ces presentes ils fassent lire, publier
& enregistrer, & le contenu en icelles garder, obseruer, & entretenir
inuiolablement, ores & à l'aduenir,
sans aller ny venir directement ou
indirectement au contraire. MAN-
DONS en outre à tous nos Lieute-
nans generaux, Gouuerneurs de nos
Prouinces, Mareschaux de France,
Colonnels, Mareschaux, Maistres
de Camp, & autres Chefs & Condu-
cteurs de nos gens de guerre, & à
tous autres qu'il appartiendra, que
cesdites presentes ils obseruent &
entretiennent, facent obseruer &

entretenir

entretenir chacun endroit ſoy, ſelon
leur forme & teneur, ſans y contre-
uenir, ny ſouffrir eſtre contreuenu
en aucune maniere : CAR TEL eſt
noſtre plaiſir , nonobſtant toutes
Ordonnances ſur le faict des trai-
ctez, mandemens, defenſes, & lettres à ce contraires, auſquelles pour
ce regard ſeulement, & ſans tirer à
conſequence, nous auons deſrogé
& deſrogeons par ceſdites preſen-
tes. Et afin que ce ſoit choſe ferme &
ſtable à touſiours, nous y auons
faict mettre & appoſer noſtre ſeel.
DONNE' A PARIS au mois de
Mars, l'an de grace mil ſix cens dix-
ſept, Et de noſtre regne le ſeptieſme.
Ainſi ſigné LOVYS, Et plus bas
Viſa, Et au deſſouz, Par le Roy Comte de Prouence, eſtant en ſon Con-
ſeil. Contreſigné PHELYPEAVX.